AF258108

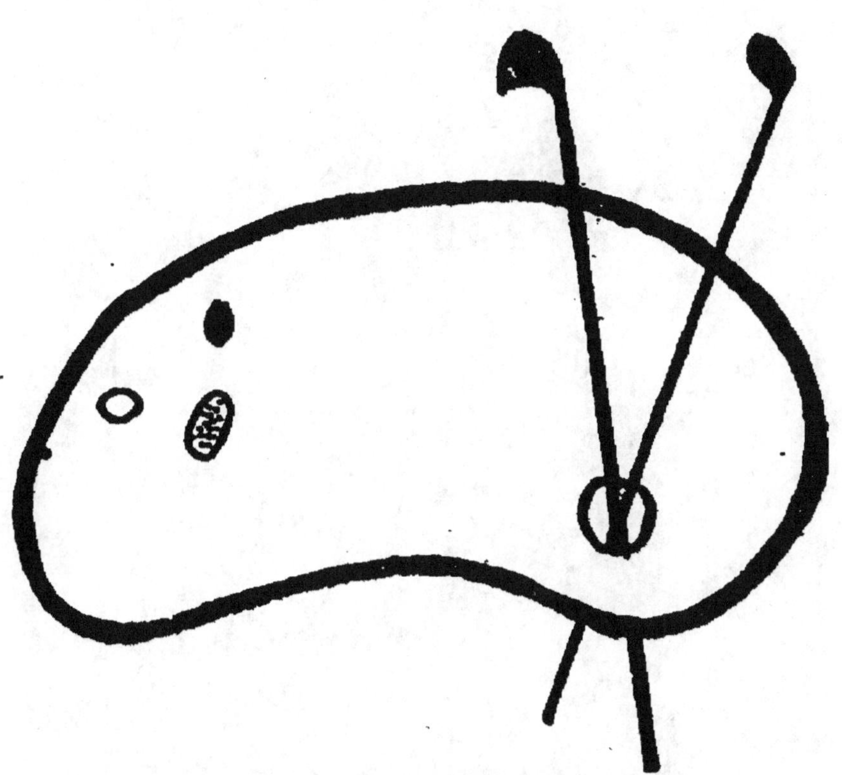

COUVERTURE SUPÉRIEURE ET INFÉRIEURE
EN COULEUR

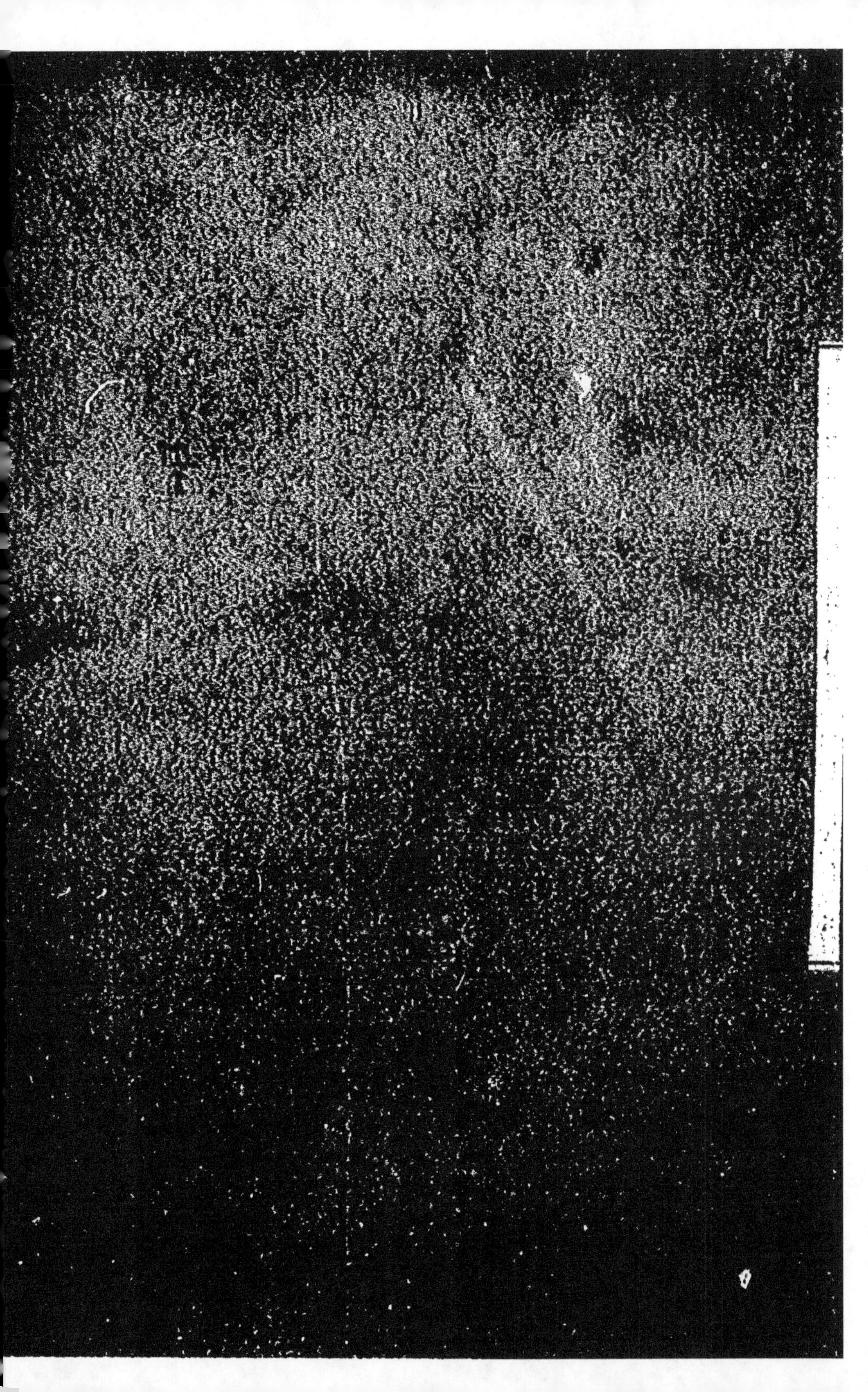

SIMPLES NOTES

POUR SERVIR

A

L'HISTOIRE

DU

SECOND SIÉGE DE PARIS

1870-1871

PAR UN VOLONTAIRE DE 1870-1871 (M. de Lavigerie)

1872

Lb⁵⁷ 168

DÉDIÉ

PAR UN VOLONTAIRE DE 1870-1871

à

M. le commandant De Carjonnel, marquis d'Ilier-
ville, baron de Bapré ❋ ❋ ❋ ❋, chef de
bataillon de la garde mobile des Pyrénées-
Orientales, le premier accouru en 1871 à
Versailles, pour offrir son épée à la défense
du droit, de l'ordre social, et de la Représentation nationale ;

DÉDIÉ AUSSI

A tous les Officiers auxiliaires spontanément venus
dans le même but patriotique.

SIMPLES NOTES

POUR SERVIR

A

L'HISTOIRE DU SECOND SIÉGE DE PARIS

La guerre de 1870-71 venait de finir ; les désastres de cette lutte désespérée contre l'envahisseur étaient à peine consommés que de nouveaux malheurs plus terribles encore venaient s'abattre sur notre patrie mourante !

La France semblait parvenue au terme de ses infortunes et avoir épuisé la série de ses catastrophes, mais elle était inépuisable !

Il fallait encore à l'implacable destin, une suprême et sanglante satisfaction ; il fallait que des enfants dénaturés se fissent, à la face de l'univers, complices de l'étranger, en venant rouvrir d'un fer impie les blessures dont ses hordes sauvages avaient labouré le sein de leur mère patrie !

Des conspirateurs audacieux et criminels devenus maîtres de Paris y répandaient la terreur et on ne

peut sans frémir se rappeler cette sanglante tragé-
die qui débuta par l'assassinat des généraux Le-
comte ét Clément Thomas.

Le gouvernement ne pouvant alors livrer dans
les rues de Paris un combat décisif à l'insurrection
naissante, puisqu'il se trouvait complètement dénué
de troupes régulières et ne pouvait compter sur
l'appui de la garde nationale composée d'éléments
variés tous irrités par le malheur, le gouvernement
se décida à se retirer à Versailles auprès de l'Assemblée nationale.

Comprenant alors toute l'étendue du péril qui
menaçait l'ordre social, l'Assemblée dans sa séance
du 23 mars 1871, ordonnait, par 449 voix la formation de bataillons de volontaires en province, mais
chacun était harassé par une guerre longue pénible
et sans gloire, et ce cri d'alarme ne trouvant aucun
écho en France, c'en était fait de Versailles et la
Commune triomphait sûrement si les rebelles armés
avaient alors marché sans délai sur l'Assemblée.

Voici comment s'exprime, à ce sujet, M. le comte
de Grandeffe un de ceux qui ont jusqu'à la fin lutté,
les armes à la main, contre cette terrible révolu-
tion : « Pendant que Versailles se grossissait chaque
« jour de gens qui fuyaient la commune, cette der-
« nière grandissait en audace ! Le départ du gou-
« vernement et des troupes, lui fit croire un ins-
« tant qu'elle était invincible, et peu s'en est

« fallu que ses bandes n'arrivassent jusqu'à Ver-
« sailles.

« Je me souviens encore de la terreur du Ver-
« saillais, et du désarroi général.

« Il y eut un moment où Versailles fut littérale-
« ment à la merci d'un coup de main; personne
« n'était prêt, et tout le monde était découragé.

« Il fut alors question de former des bataillons
« de volontaires, mais la réponse à ce cri d'alarme
« a bien prouvé que le patriotisme était bien
« éteint chez nous.

« Cependant, beaucoup d'officiers de l'armée
« auxiliaire (gardes nationales mobile et mobilisée)
« se présentèrent à Versailles, se mettant à la dis-
« position du pouvoir, et il y eut un instant, le
« bataillon du marquis de Carbonnel à Versailles,
« comme il y avait à Rambouillet, le corps du gé-
« néral de Cathelineau...... »

L'armée était prisonnière, les armées auxiliaires
licenciées, et les quelques régiments échappés en
partie aux premiers désastres de la campagne,
étaient réduits à un effectif insignifiant, par suite
du licenciement des engagés volontaires, et des
anciens militaires incorporés *pour la durée de la
guerre.*

Le honteux état d'anarchie qui enserrait Paris
émut l'âme patriotique de nombreux officiers des
corps licenciés qui s'arrachèrent à leurs familles, à

leurs intérêts et au repos bien mérité qu'ils commençaient à goûter, pour venir réclamer, comme *simples volontaires* une place au péril et au sacrifice.

Il n'est que juste de conserver leur digne exemple à la postérité, et leurs noms à l'histoire de notre malheureux pays.

C'est la publication, *par ordre d'arrivée*, des noms de ces courageux citoyens, qui motive ce petit travail.

LISTE

*Par ordre d'arrivée à Versailles, de MM. les offi-
ciers des armées auxiliaires accourus du 18 mars
au 15 avril 1871, pour offrir leurs services au
gouvernement légal de la France.*

———

MM.

1° DE CARBONNEL D'HIERVILLE. (Le marquis) ✻
✻ ✻, chef de bataillon de la garde mobile.

2° FRANÇOIS, capitaine adjudant-major de la garde
mobile (Nord).

3° GOERG, capitaine de la garde mobile. (Marne).

4° CLAUSSIER, lieutenant de la garde mobile.

5° TAVEAU DE LAVIGERIE (le baron Louis-Olivier)
capitaine de la garde mobile. (Haute-Vienne).

6° TAVEAU DE LAVIGERIE, (Louis-Maurice) ✻,
lieutenant de la garde mobile. (Gard).

7° BOULANGER, capitaine de la garde nationale
mobilisée.

8° VIOLETTE, capitaine d'artillerie mobilisée.

9° GUILLAUME, capitaine adjudant-major de la
garde mobile.

10° DE BIGAULT D'AVOCOURT, capitaine de la garde
mobile.

11° DE LAMBRE, capitaine de la garde mobile.

12° LAUDE, capitaine de la garde mobile.

13° DUPRESSOIR, capitaine de la garde mobile.

14° TITEUX DE LACROIX, capitaine de la garde mobile.

15° PETIT, lieutenant de la garde mobile.

16° PÉRINÉ, capitaine de la garde nationale mobilisée.

17° MARTEL, sous-lieutenant de la garde mobile.

18° GIRAUD, lieutenant de la garde mobile.

19° PEYROT, ancien officier d'état-major.

20° BAZERGUE, capitaine de la garde mobile.

21° BARRAL, lieutenant de la garde mobile.

22° LAMBERTERIE, capitaine de la garde nationale mobilisée.

23° BATIAU, capitaine de la garde mobile.

24° CALLAMANT, lieutenant de la garde mobile.

25° DE REINACH, ✳, chef de bataillon de la garde mobile.

26° CHALAMEL, lieutenant de la garde mobile.

27° LEJEUNE, capitaine de la garde mobile.

28° RABOT, capitaine de la garde mobile.

29° WALESKI, capitaine de la garde mobile.

30° DE BOURQUENEY (Le comte), lieutenant de la garde mobile.

31° DE CHATILLON, capitaine de la garde mobile.

32° O'ZOU DE VERRIE (Le comte) ✻, capitaine de la garde mobile.

33° GEANT, lieutenant de la garde mobile.

34° PINEAU, sous-lieutenant de la garde mobile.

35° AVIRAGNET, lieutenant de la garde mobile.

36° PERRÈS, lieutenant de la garde mobile.

37° AUBRY, sous-lieutenant de la garde mobile.

38° PAYELLE, sous-lieutenant de la garde mobile.

39° DEFOURNOUX, (légion de marche du Rhône).

40° ALLIO, capitaine adjudant-major de la garde mobile.

41° BOROT, lieutenant de génie mobilisé.

42° BOHN, capitaine de la garde mobile.

43° STOUVENOT, capitaine de la garde mobile.

44° GUYRAMAURE, capitaine de la garde mobile.

45° JAVAL, (Alfred) lieutenant de la garde mobile.

46° JAVAL, (Louis) lieutenant de la garde mobile.

47° DE BOISMOREL, lieutenant de la garde mobile.

48° LECLERC DE BUSSY DE VAUCHELLES, capitaine de la garde mobile.

49° PASQUIN, capitaine de la garde mobile.

50° DIARD, sous-lieutenant de la garde mobile.

51° FICHAUX,   id.

52° LÉONARD, capitaine de la garde mobile.

53° DE NABAT, lieutenant de la garde mobile.

54° CHASSOUX ✻, capitaine de la garde mobile.

55° LEHMANN, sous-lieutenant d'artillerie.

56° D'HERISSON-POLASTRON ✻, capitaine de la garde mobile.

57° ROBERT-MITCHELL, ✻, chef de bataillon de la garde mobile.

58° DE VILLARD, capitaine d'artillerie mobilisée.

59° DEBS, sous-lieutenant de la garde mobile.

60° DE BERTVEL, capitaine aux éclaireurs de la Seine.

61° O'ZOU DE VERRIE (Le vicomte), ✻ ✻ ✻, capitaine de la garde mobile,

62° ECK, lieutenant de la garde mobile.

63° DE FRANCHI, capitaine de la garde mobile.

64° DE RIBAULT, chef de bataillon aux éclaireurs de la Seine avec 15 officiers volontaires.

80° JOLIOT, sous-lieutenant de la garde mobile.

81° ROTH, capitaine de la garde mobile.

82° POSTIC, sous-lieutenant de gendarmerie auxiliaire.

83° DE BARBEYRAC DE ST-MAURICE, lieutenant de la garde mobile.

84e Benetti, lieutenant de la garde mobile.

85e Flobert, lieutenant de francs-tireurs.

86e Fabrège, capitaine de la garde mobile.

87e Cliche, sous-lieutenant de la garde mobile.

88e De la Marck, lieutenant de la garde mobile.

89e Lefévre, sous-lieutenant de la garde mobile.

90e Millet, sous-lieutenant de la garde mobile.

91e Denet, lieutenant de la garde mobile.

92e Clérin,   id.

93e Laisné, capitaine de la garde mobile.

94e Thiry, sous-lieutenant de la garde mobile.

95e Pouillaud dit Lemaire, chef d'escadron d'artillerie mobilisée.

96e Caffin, capitaine adjudant-major de la garde mobile.

97e Duval, sous-lieutenant de la garde mobile.

98e De Vendeul, capitaine adjudant-major de la garde mobile.

99e Barbancey, sous-lieutenant de la garde mobile.

100e Tyries, capitaine de la garde mobile.

101e Bourbonnas, capitaine de la garde mobile.

102ᵉ D'ANGOSSE, sous-lieutenant aux éclaireurs de la Seine.

103ᵉ DE KASTNER, capitaine de la garde nationale mobilisée.

104ᵉ ALIBERT, aide-major de la garde mobile.

105ᵉ BRODELET, capitaine aux éclaireurs de Seine Inférieure.

106ᵉ COLBE, lieutenant de la garde mobile.

107ᵉ DE THIVILLE, capitaine de la garde mobile.

108ᵉ RUAULT, id.

109ᵉ THUAU, lieutenant de la garde mobile.

110ᵉ LEROY, id.

111ᵉ DELCLOS ✳, chef de bataillon de la garde mobile.

112ᵉ BERGER, sous-lieutenant de la garde mobile.

113ᵉ GONTIER, capitaine de la garde mobile.

114ᵉ COUSIN, sous-lieutenant de la garde mobile.

115ᵉ DE TURENNE, (le Vicomte), lieutenant de la garde mobile.

116ᵉ DESCHANGE, sous-lieutenant de la garde mobile.

117ᵉ VIRMAITRE, major de la garde mobile.

118ᵉ DALLET, capitaine de la garde mobile.

119ᵉ SILVY, lieutenant de la garde mobile.

120e FARCY, ✳, chef de bataillon de la garde mobile.

121e CASANOVA ✳, capitaine de la garde mobile.

122e BLIN, lieutenant aux voltigeurs du Nord.

123e LEGROS (le baron), capitaine de la garde mobile.

124e VALLÈRE, capitaine de francs-tireurs.

125e BLIN DE BÉLIN ✳, lieutenant de la garde mobile.

126e OUVRARD, capitaine de francs-tireurs.

127e MALLET DE VENDÈGRE, lieutenant de la garde mobile.

128e HENOT DE NEUVIER ✳, chef de bataillon de la garde mobile.

129e D'AMONVILLE ✳, chef d'escadron d'artillerie mobile.

130e GUYONNET, lieutenant de la garde mobile.

131e DE GRANDEFFE (le comte) ✳, capitaine de la garde mobile.

132e LEVASSEUR, lieutenant de la garde mobile (Somme).

133e BLAIRET ✳, chef d'escadron d'état-major.

134e CERF, sous-lieutenant de la garde mobile.

135e ROLLAND ✳, chef de bataillon aux francs-tireurs de la Presse.

136° Le Liabé ✳, chef de bataillon de la garde mobile.

137° De Gabory, sous-lieutenant de la garde mobile.

138° Chevrier, chef de bataillon de la garde mobile.

139° Saussier, lieutenant de la garde mobile.

140° Crespin de Térogat, lieutenant de la garde mobile.

141° De Chataux, capitaine d'artillerie de la garde mobile.

142° De Rancourt (✳ O.), lieutenant-colonel de la garde mobile.

143° De la Lande, capitaine major de la garde nationale mobilisée.

144° Barberet, capitaine de la garde mobile.

145° Gonat, sous-lieutenant de la garde mobile.

146° De Lacourt, lieutenant de génie auxiliaire.

147° De Riberolles, lieutenant de la garde mobile.

148° Flambart, capitaine de la garde mobile.

149° Godquin-leroux, capitaine aux sapeurs de la Somme.

150° Brisson de la Roche, lieutenant de la garde mobile.

(Cette liste fut par la suite complétée au chiffre de 500 officiers volontaires accourus de tous les coins de France).

ASSEMBLÉE NATIONALE.

Séance du 28 mars 1871 (Extrait du compte-rendu analytique.)

Présidence de M. Grévy.

———

« M. Haentjens : Messieurs ! je demande à l'Assemblée nationale la permission de lui faire une communication.

Plusieurs officiers parmi lesquels se trouvent le commandant *de Carbonnel* et le capitaine *Goerg*, le fils d'un de nos anciens collègues du Corps législatif, m'ont fait connaître que plus de 400 officiers des gardes mobiles et mobilisées, étaient accourus à Versailles pour la défense de l'Assemblée.

« Ils viennent pour former un bataillon d'élite sous la bannière de l'Assemblée nationale, c'est-à-dire sous la bannière du droit, pour combattre l'émeute partout où elle se produira (Très-bien ! applaudissements.) Ils vous demandent, si par impossible l'Assemblée venait à être attaquée, d'être mis en première ligne devant l'ennemi, et de former en quelque sorte, une garde d'honneur à la représentation nationale. (Approbation sur un grand nombre de bancs.)

« *Une voix :* Il n'est pas question d'attaquer l'Assemblée. (Murmures.)

« M. HAENTJENS : Je vous soumets la communication telle qu'elle m'a été faite. (Très bien ! Très bien ! parlez !) Il se commet d'ailleurs en ce moment de tels attentats, qu'une attaque contre l'Assemblée ne serait rien moins que surprenante ! (c'est vrai ! c'est vrai !) Dans tous les cas, si l'Assemblée nationale venait à être attaquée, ces braves officiers demandent à marcher en tête de ceux qui auront mission de la défendre (Très bien ! très bien ! applaudissements prolongés.) — Ils demandent aussi le concours du gouvernement, afin que la formation de leur corps d'élite ait lieu dans le délai le plus court possible ; j'ai cru pouvoir les assurer que le concours du gouvernement ne leur ferait pas défaut, et dès que leur demande sera transmise à Monsieur le Ministre de la guerre ou à Monsieur le Ministre de l'intérieur, je suis persuadé qu'on leur fournira le moyen de s'organiser le plus promptement possible — Enfin, ils ont terminé leur communication en me demandant de vous transmettre leur intention ; j'ai adhéré à leur sollicitation, persuadé d'avance que vous accueilleriez cette demande avec bienveillance. (Très bien ! très bien ! très vive approbation.)

« M. MILLIÈRE : Je demande la parole pour la fixation de l'ordre du jour de demain.

« M. PAULIN GILLON : Avant de fixer notre ordre du jour, je demande que le gouvernement réponde à la proposition des officiers volontaires, et que l'Assemblée vote au moins des remerciments à ces braves gens ! (oui ! oui !).

« *Sur plusieurs bancs :* c'est fait ! on vient de le faire !

« *M. le Ministre de l'Intérieur :* Messieurs, le gouvernement est disposé à répondre à la communication qui vient d'être faite à la Chambre, en adressant à ces officiers, ses remerciments les plus chaleureux ! (Très bien ! très bien ! sur la plupart des bancs.)

« *M. le Président :* L'Assemblée nationale joint les plus vifs remerciments à ceux qui ont déjà été exprimés à la tribune par un membre du gouvernement. (Oui ! oui ! Très bien ! approbation générale.) »

Quelque temps après le vote solennel et patriotique de ces remercîments nationaux qui sont et resteront toujours pour chacun des officiers précédemment cités, un des plus précieux souvenirs de leur existence militaire, le ministre de la guerre donnait aux commandants des divers corps d'armée, l'ordre d'adresser à chacun de ces officiers volontaires la lettre de remercîments suivante qui peut à bon droit passer aux yeux de tous, pour un honorable et glorieux titre de noblesse :

COPIE de la lettre adressée par les commandants des divers corps d'armée à chacun des officiers volontaires spontanément accourus à la défense du droit et de la représentation nationale :

« Monsieur,

« Tous les bons citoyens qui, comme vous, se sont rangés sous le drapeau de la cause de l'ordre, peuvent prendre une large part des remercîments votés par l'Assemblée nationale dans sa séance du 28 mars dernier.

« *Le général commandant,*

Signé : X.

BIBLIOTHEQUE NATIONALE
Désinfection 1984
N° 89014

LISTE

des Officiers volontaires tués ou blessés pendant l'Insurrection de Paris.

MM. Le commandant DELCLOS (Michel-Pierre-Etienne) (✳ O.), cité deux fois à l'ordre du 1er corps de l'armée de Versailles. — Tué à Belleville, à la tête d'une compagnie de volontaires, le 27 mai 1871.

Le capitaine GOERG (Jacques-Charles), une blessure, une citation à l'ordre du 1er corps de l'armée de Versailles.

Le capitaine comte de GRANDEFFE (Arthur) ✳, une blessure, une citation à l'ordre du 1er corps de l'armée de Versailles.

Le capitaine DE VILLARD (Henry), une blessure.

Le capitaine PASQUIN (Louis) ✳, une blessure.

Le capitaine FABRÈGE (Ernest), une blessure, une citation à l'ordre du 1er corps de l'armée de Versailles.

Le capitaine D'HÉRISSON POLASTRON ✳, une blessure

Le lieutenant BARBANCEY (Eugène), une blessure.

8710 — Imp. de J.-L. Le Rey.

187

www.ingramcontent.com/pod-product-compliance
Lightning Source LLC
Chambersburg PA
CBHW051403060726
47596CB00005B/2055